AFRIQUE DU NORD

ALGÉRIE — TUNISIE

PAR A. PERON.

M. Camille Viré, juge de paix à Bordj-Menaïel, a communiqué à la section d'anthropologie de l'Association française, au congrès de Bordeaux (558), ses observations sur un certain nombre d'abris sous roche, découverts dans la région qu'il habite.

Ces abris, naturels ou creusés artificiellement dans la roche, sont assez nombreux dans le douar Raïcha. D'autres se montrent plus loin de la mer sur la ligne de hauteurs parallèle à la chaîne des Flissas. C'est principalement ceux du lieu dit La « Cascade » que M. Viré a étudiés.

Ils lui ont donné des débris d'ossements humains, mêlés à des instruments de pierre dure, grès, gneiss, granite, et très rarement de silex. Quelques ossements étaient taillés en forme de poinçons, de grattoirs et de couteaux et, sur un fragment de crâne, M. Viré a constaté l'existence de raies très régulièrement tracées.

Il y a lieu de mentionner aussi la présence de morceaux de soufre grillé, celle d'un instrument en fer et l'absence de tout instrument de bronze.

Le silex qui n'existe pas, à l'état brut, dans la région, n'a été employé par les habitants des abris de Bordj-Menaïel que tout à fait à l'état d'exception.

Nous avons, l'année dernière, donné l'analyse du grand mémoire que M. Repelin a publié comme thèse pour le doctorat ès-sciences naturelles, sur la géologie des environs d'Orléansville. Nous trouvons dans le compte-rendu du congrès de l'Afas à Bordeaux (1re partie), une note du même auteur (556) où sont résumées les conclusions de ce mémoire. Nous n'avons pas à reproduire de nouveau ces conclusions et nous devons nous borner à mentionner la note en question.

M. Ficheur (532) a poursuivi, en 1896, ses recherches sur les terrains éocènes de l'Algérie septentrionale et, dans une note insérée au Bulletin du Congrès de l'Afas à Bordeaux, il nous a fait

connaître la disposition de ces terrains dans la chaîne des Mouïas (Constantine).

Cette chaîne constitue une ligne de crêtes qui s'étend du Msid-Aïcha au Sidi-Dris, au N. de la région montagneuse d'El Milia et du bassin des terrains d'eau douce de Constantine.

L'axe de la chaîne est jalonné par quelques pointements isolés de calcaires du Lias. Sur le versant N. du Msid-er-Aïcha s'étend un lambeau étroit de terrain néocomien qui présente l'aspect de celui des environs de Constantine. Enfin, autour des pointements liasiques, se développe le Sénonien sous la forme de marnes noires, avec rognons de calcaire à Inocérames, qui avaient été considérées par Tissot comme appartenant au Suessonien.

Les divers étages de l'Eocène forment, pour ainsi dire, l'enveloppe de ce massif central. M. Ficheur en examine successivement les différents termes et constate que l'Eocène inférieur (Suessonien), l'Eocène moyen (Parisien) et l'Eocène supérieur y sont représentés et dans une situation qui démontre leur indépendance relative complète. Le savant auteur déduit de ses observations : 1° Que les dépôts de l'Eocène inférieur étaient déjà démantelés et complètement enlevés d'une partie de la surface du Sénonien au début de la période de l'Eocène moyen ; 2° qu'une lacune importante sépare la première partie de la formation suessonienne du début de l'époque parisienne ; 3° qu'il est impossible d'établir une équivalence quelconque entre les assises de la base des formations nummulitiques de la Kabylie et le Suessonien ; 4° que les diverses assises de l'Eocène moyen étaient déjà démantelées et arasées sur de vastes surfaces au début de l'Eocène supérieur.

Ainsi se trouvent confirmées les opinions émises par M. Pomel et par l'auteur, sur l'indépendance des formations éocènes en Algérie.

M. Ficheur (533) a encore donné à la huitième section de l'Association française pour l'avancement des sciences au Congrès de Bordeaux, un Aperçu géologique sur le massif des Matmatas (Alger).

En quelques mots, l'auteur nous fait connaître que ce massif, entre Boghar et Teniet-el-Hâd, est constitué par un bombement anticlinal où les couches infracrétacées présentent un grand développement. Certaines assises du Rhodanien et de l'Aptien y sont fossilifères et analogues à celles des environs de Teniet. Au-dessus du Gault et du Cénomanien, l'étage sénonien s'étend en discordance sur toute la série, ce qui confirme les observations de M. Ficheur sur d'autres parties du Tell.

En dehors de l'Eocène inférieur, déjà indiqué sur ce point, l'auteur signale un puissant développement des grès et argiles de l'étage medjanien, puis l'existence du Miocène cartennien qui est représenté par des zones importantes sur tous les versants du massif.

M. A. Brive (521) a communiqué à la Société géologique de France, dans sa séance du 18 novembre 1895, une note sur les terrains pliocènes du Dahra (Algérie). Cette note, imprimée dans le tome 23 du *Bulletin* et publiée en février 1896, combat, au sujet des grès de la falaise d'Oran, l'opinion que nous avons nous-même émise, avec M. Bleicher, que ces grès appartenaient au Pliocène supérieur. Elle combat également l'opinion émise par M. Welsch que les grès des Cinq-palmiers sont de l'étage pontien et ceux de Carnot du Sarmatien. Elle a pour but de prouver que ces grès d'Oran, ceux des Cinq-palmiers et ceux de Carnot, sont de même âge et non pas d'âge différent, et que tous ces grès sont du Pliocène inférieur. Leur faune est la même que celle de la mollasse de Mustapha dont l'attribution au Pliocène inférieur est certaine. Leur position stratigraphique, indiquée par M. Brive dans de nombreuses coupes, est toujours en discordance avec des marnes helvétiennes à *Ostrea crassissima*, des marnes blanches ou bleues et des gypses.

M. Welsch (560), dans la séance du 13 avril de la Société géologique, a formulé des observations au sujet de la note de M. Brive dont nous venons de parler. Il fait remarquer que la continuité, sur laquelle M. Brive s'appuie beaucoup, est très loin d'être établie, les interruptions étant nombreuses, les distances très grandes et les changements de faciès fréquents.

La mollasse de Mustapha, près d'Alger, à laquelle M. Brive assimile les grès d'Oran et de Carnot n'est pas du Pliocène inférieur mais bien de l'Astien et elle est superposée aux marnes plaisanciennes qui représentent le Pliocène inférieur.

Les grès de Carnot sont superposés en concordance à des marnes tortoniennes et sont eux-mêmes tortoniens ou sarmatiens. Ceux des Cinq-palmiers sont des dépôts littoraux qui ont remplacé, lorsque la profondeur a varié, les marnes bleues sous-jacentes que M. Welsch considère comme l'équivalent de l'étage pontique.

Enfin M. Welsch se rallie, en ce qui concerne les grès d'Oran à l'opinion de MM. Bleicher et Peron qui les considèrent comme du Pliocène supérieur.

En terminant, M. Welsch reconnait que ces observations demandent à être développées et il ne les produit, en ce moment, qu'en raison de la réunion prochaine de la Société géologique en Algérie.

Dans une courte réplique, insérée au bulletin de la Société du 4 mai 1896, M. Brive (522) fait ressortir l'insuffisance de l'argumentation de M. Welsch et réclame plus de précision dans ses assertions. Il demande que son contradicteur produise quelques coupes parallèles aux siennes pour mieux éclairer les questions.

Il convient encore de mentionner ici une autre note que la réunion de la Société géologique de France, en Algérie, a amené M. Welsch (561) à présenter à la Société à propos des terrains pliocènes des environs d'Alger.

Après avoir rappelé qu'on pouvait distinguer dans ces terrains l'étage plaisancien, l'étage astien et le Pliocène supérieur, ou Sicilien, ce dernier étage en discordance sur le précédent, M. Welsch réfute les critiques qui lui ont été adressées à propos de son mémoire, notamment par M. Ficheur. Il ne peut accepter l'hypothèse qui consiste à regarder les fossiles de Douéra, Birtouta, Mazafran, Oued Nador, etc., comme plaisanciens parce qu'ils sont tels en Italie et à considérer les couches qui les renferment comme appartenant à un autre étage, dit Sahélien, fondé sur des systèmes de soulèvement. Il revendique la priorité dans la question de la transgressivité des mollasses pliocènes qu'il a signalée avant M. Ficheur et qu'on lui reproche cependant d'avoir passée sous silence.

Il n'y a, au contraire, aucune discordance angulaire entre les marnes bleues ou grises et les couches astiennes et, au contact de ces horizons, il y a toujours alternance. Les fossiles n'existent pas toujours dans les marnes bleuâtres mais ce n'est pas suffisant pour les considérer comme Miocène supérieur.

Dans deux articles parus dans la Revue scientifique, le premier dans le n° du 29 février 1896, sous le titre « La fixation des dunes au Sahara » (554), le deuxième dans celui du 28 Novembre 1896, sous le titre de « Peut-on reboiser le Sahara », M. Paul Privat Deschanel donne quelques détails qui intéressent les sciences géologiques. La nature et la forme des dunes ainsi que leurs mouvements progressifs y sont examinés. De cet examen et des essais exécutés dans ces dernières années à Aïn Sefra, l'auteur conclut qu'on peut arriver à arrêter la marche des dunes en y plantant certains arbres et arbustes qui peuvent très bien y prospérer mais il est nécessaire, pour que ces plantations réussissent, d'arrêter provisoirement la translation du sable en recouvrant le sol d'une couche de fumier d'alfa non consommé.

Dans le deuxième article, l'auteur recherche dans quelles conditions pourrait être essayé le reboisement du Sahara. Il distingue trois sortes de terrains qu'il faudrait refertiliser par des procédés différents: 1° les chotts et les sebkhas, 2° les plateaux de grès et les Hammada, 3° les vallées sablonneuses. Des reboisements partiels semblent très possibles dans les vallées et les sebkhas et ils amèneront des améliorations locales très notables, mais le reboisement en grand du Sahara est une utopie et il faut se résigner à abandonner les plateaux à leur infertilité naturelle et définitive.

Un autre article publié par la même revue (Revue sientifique, n° 11, 12 septembre 1896) sous la signature de M. Auguste Souleyre, examine la question de l'existence des nitrates dans l'Afrique du Nord. Certaines conditions, géologiques et climatologiques, doivent, comme on le sait, être remplies pour que des bancs de nitrate puissent exister dans le sol. Les déserts situés au Nord du Chili remplissent complètement ces conditions et c'est de là que provient, à peu près entièrement, l'azotate de soude employé par l'agriculture. Or la zone centrale du Sahara, le plateau du Hoggar, entre Amguid et la Sebkha d'Amaghdor, possède la même composition géologique du sol, la même latitude, la même altitude, le même climat, etc. Cette région est celle du monde où l'on a le plus de chances de rencontrer des gisements comme ceux du Chili.

Le rebord Sud du Tassili septentrional est granitique tandis que le massif du Hoggar est un massif volcanique (basaltes et trachytes). Entre le Hoggar et le Tassili se trouve l'Eguéré, plateau de 800 à 1000 mètres d'altitude, troué d'éruptions basaltiques et contenant des bancs de sel à la Sebkha d'Amadghor.

Cette réunion de roches granitiques et porphyriques, de roches volcaniques et de gisements de sel, caractérise le plateau du Chili où se trouvent des azotates et qui, lui aussi, est à 800 et 1000 mètres d'altitude.

Les probabilités sont donc grandes, d'après l'auteur, pour qu'on trouve des nitrates dans l'Hinterland de l'Algérie et, ce qui le confirme, c'est qu'il y a du salpêtre, en même temps que de l'alun à Akabli, au sud d'In-Salah, précisément dans le prolongement de la ligne de formations volcaniques qui traverse l'Afrique septentrionale du S. E. au N. O.

Tout en souhaitant, avec l'auteur, que l'attention des explorateurs et des missionnaires soit appelée sur cette importante question, il est permis de remarquer que les motifs invoqués pour admettre l'existence des azotates au Sahara ne semblent pas très péremptoires.

Dans une note, publiée en 1893, M. Ficheur avait signalé des plis renversés sur le versant Nord de l'Atlas de Blida. Les études que ce savant a poursuivies depuis cette époque lui ont permis de reconnaître des phénomènes semblables sur les contreforts du versant sud du même massif et il a fait part de ses observations à l'Académie des sciences dans sa séance du 2 mars 1896 (529).

La puissante série des schistes de la Chiffa doit, suivant toute probabilité, se rapporter à la base des terrains primaires. L'axe de ces schistes paraît avoir formé une zone de résistance, contre laquelle la poussée simultanée du Nord et du Sud a donné lieu à l'étirement des plis en sens inverse et à la production d'une deuxième zone de plis en éventail au Sud de la première.

Ces actions orogéniques paraissent avoir eu leur maximum d'intensité après le dépôt du Cartennien et antérieurement à l'Helvétien. Le renversement de certains plis était déjà accusé à l'époque de l'Eocène moyen. C'est dans la région crétacée des Beni-Messaoud que, sur le versant Sud du massif, les superpositions anormales des assises sont les plus fréquentes.

Nous aurons occasion, en rendant compte de la réunion de la Société géologique en Algérie, de revenir sur ces questions de plis renversés dans le massif de Blida.

M. Blayac qui, dans ces dernières années, a publié plusieurs mémoires faisant connaître les résultats de ses recherches sur les terrains à phosphates de chaux de l'Algérie, mémoires que nous avons analysés dans l'Annuaire de 1895, a fait insérer dans le Bulletin du Congrès de l'Afas à Bordeaux, (1re partie) une courte note sous le titre *Généralités sur le Suessonien à phosphate de chaux d'Algérie* (520).

Cette note est, en substance, un résumé des mémoires précédemment publiés. Elle contient en outre quelques conclusions générales que nous devons reproduire.

1° Le Suessonien inférieur est seul présent au Sud du Tell de la province de Constantine.

2° Les bancs à phosphates se sont formés sur le rivage Sud de la mer suessonienne et sont aussi des dépôts de mer peu profonde.

3° La multiplicité de ces bancs implique une série d'affaissements et d'exhaussements lents du bord de la mer pendant le Suessonien.

M. Gentil (546), dans le même recueil, a fait paraître une note sur les gîtes calaminaires de l'Ouarsenis. Il y a reconnu un certain nombre d'espèces minéralogiques, Calamine, Smithsonite, Blende, Calcite, Galène, Cérusite, Pyrite, Limonite et Barytine. La Calamine, la Smithsonite et la Cérusite se font remarquer par la richesse de leur cristallisation.

Le même auteur (543) a, en outre, donné, dans le Bulletin du Muséum d'histoire naturelle, une note sur les minéraux du cratère ancien de Ben-Ginah (Oran) et une autre note sur un gisement de Hornblende basaltique à Beni-Saf (Oran).

M. Georges Rolland, à la section de zoologie de l'Association française, au Congrès de Bordeaux (557), est revenu sur la question du rejet d'animaux vivants par les puits artésiens de l'Oued-Rir'. Il a défendu la thèse qu'il avait déjà soutenue à ce sujet et démontré l'authenticité de nombreux faits qu'il avait cités, faits qui avaient été révoqués en doute par quelques naturalistes et notamment par M. Kunckel d'Herculaïs.

M. L. Gentil (539) a encore fait connaître à l'Académie des sciences (séance du 30 mars 1896) le résultat de ses recherches sur le bassin tertiaire de la vallée inférieure de la Tafna, région remarquable par ses éruptions basaltiques, dont il a entrepris l'étude détaillée.

Il y a constaté l'existence des deux étages de l'Eocène, Suessonien et Ligurien, de l'Oligocène (?) et de la série complète du Miocène algérien.

L'Eocène est représenté par des marnes verdâtres visibles au Nord du village de Montagnac. Elles renferment de petits lits de grès et se distinguent facilement des marnes helvétiennes qui les recouvrent en discordance et avec lesquelles elles ont été confondues.

Le Ligurien semble être représenté par les marnes et grès de Tahouaret qui répondent très exactement à la description qu'a donnée M. Ficheur de cet étage, dans la Kabylie.

Certaines couches rouges conglomérées, qui reposent en discordance sur l'Eocène ligurien et qui sont recouvertes par l'Helvétien, nettement discordant, semblent à M. Gentil devoir être attribuées à l'Oligocène plutôt qu'à l'étage cartennien où M. Pouyanne les avait placées.

Le terrain miocène présente d'abord l'étage cartennien, à la limite du massif des Traras. Cet étage possède ici, dans certaines de ses parties, un aspect schisteux tout particulier qui l'a fait confondre avec l'Oxfordien et qui résulte d'un métamorphisme par compression dû aux phénomènes de recouvrement par les calcaires liasiques.

L'Helvétien est limité à son assise inférieure à *Ostrea crassissima*. Des calcaires blancs à polypiers, qui ont été rattachés par M. Pouyanne à l'Helvétien, paraissent à M. Gentil devoir être attribués au Sahélien. Ces calcaires blancs, visibles notamment à Seba-Chioukh, présentent, en effet, sur plusieurs points une discordance angulaire avec l'Helvétien proprement dit.

Dans la vallée de la Tafna, cet étage sahélien est très démantelé et ne montre plus que des témoins isolés.

M. L. Gentil, enfin (541, 542), a étudié quelques gisements ophitiques de l'Algérie, notamment ceux de la vallée inférieure de la Tafna, de Noïsy-les-bains, etc., et il a communiqué le 4 mai 1896, à l'Académie des sciences et, le 16 mai suivant, à la Société géologique de France, le résultat de cette étude. L'auteur est en mesure d'affirmer que plusieurs, au moins, des éruptions de ces roches ophitique sont d'âge miocène et, en second lieu, que les gypses associés à ces roches vertes résultent de la sulfatisation des calcaires. Il donne, en effet, de ces conclusions des preuves convaincantes mais nous devons faire observer à ce sujet que depuis longtemps ces faits avaient été mis en lumière. De nombreux géologues, parmi lesquels il faut citer l'ingénieur Ville, MM. Pomel, Peron, Thomas, Curie et Flamand, etc., avaient traité ces questions et conclu dans le même sens. On est donc quelque peu étonné de voir M. Gentil présenter ces mêmes faits comme des découvertes nouvelles et, tout en reconnaissant la valeur des documents complémentaires qu'il apporte sur la question, nous pensons, avec tous nos confrères algériens, qu'il aurait pu ne pas s'en réserver le mérite exclusif et en attribuer au moins une bonne part à ses devanciers.

MM. Curie et Flamand (527) qui, dans une remarquable étude sur les roches éruptives d'Algérie, avaient depuis longtemps reconnu les caractères des gypses éruptifs, leur genèse, leur âge tertiaire et leurs rapports avec les émissions ophitiques, ont, avec beaucoup de raison, jugé utile de protester devant la Société géologique au sujet de la note de M. Gentil. Dans une réponse présentée à la Société, le 15 juin 1896, ils ont rétabli les faits et rappelé leurs propres recherches et celles de leurs devanciers. Les faits exposés par M. Gentil, disent-ils, ne font que confirmer les opinions émises par tous les géologues qui se sont occupés des phénomènes éruptifs en Algérie.

Des protestations analogues auraient pu, avec autant de raison, être produites par bien d'autres géologues. Nous n'avons pas mission de le faire pour eux, mais nous pouvons rappeler au moins que Coquand a signalé, il y a 40 ans, l'apparition d'une roche ophitique pendant le dépôt des couches miocènes et qu'il attribue à cette éruption la présence de nombreux gisements de minéraux dans les couches supérieurs du Miocène.

Nous même, en traitant, il y a 31 ans, de la géologie des environs d'Aumale, avons amplement décrit le gisement de gypse non stratifié qui entoure la roche éruptive de ce pays et avons montré que l'existence de ce gypse est liée à celle de cette roche et qu'elle devait être attribuée à l'action sur la roche calcaire, des vapeurs sulfureuses qui ont accompagné l'émission de la roche. Des sources thermales et sulfureuses qui se trouvent le long de l'axe des soulèvements ophitiques témoignent encore de cette double action.

Plus tard, dans nos notes stratigraphiques accompagnant la description des Echinides d'Algérie et dans notre *Description géologique de l'Algérie*, nous sommes revenu sur ces faits.

MM. Ficheur et Haug (535) ont étudié la région montagneuse qui s'étend au Sud de Tunis et, à la date du 8 juin 1896, ils ont présenté à l'Académie des sciences le résultat de cette étude. Leur note, intitulée : « Sur les dômes liasiques du Zaghouan et du Bou-Kournin » a pour but de montrer que le trait dominant dans la tectonique de cette région montagneuse réside dans l'existence de dômes, séparés par des cuvettes synclinales, disposés en chapelets et amenant à l'affleurement soit les termes inférieurs de la série crétacée, soit le Jurassique.

Le Djebel Bou-Kournin, le Djebel Resas, le Dj. Oust, le Dj. Zaghouan sont des dômes liasiques. Leurs cîmes n'appartiennent pas au Jurassique supérieur, comme on l'a pensé jusqu'ici, et les couches de ce dernier terrain n'existent sur les calcaires liasiques qu'à l'état de revêtement transgressif et ne forment que des lambeaux peu étendus.

Le massif du Zaghouan est celui où la poussée qui a amené la surrection des couches liasiques a atteint la plus grande intensité. Il est composé par un certain nombre de dômes accolés, pressés les uns contre les autres. Sa tectonique est beaucoup plus compliquée qu'il n'aurait semblé d'après les travaux précédents. Des plissements successifs s'y sont produits ainsi que d'importantes fractures dont la principale est celle que M. Rolland a appelée « la grande faille du Zaghouan ». Mais cette faille n'est qu'un accident local qui ne s'étend pas dans la région périphérique de la montagne. Il est donc difficile de l'envisager, ainsi que l'a fait M. Rolland, comme le trait orographique le plus net de la Tunisie.

Quelques années avant sa mort, notre regretté confrère et ami, Georges Le Mesle, membre de la Mission de l'exploration scientifique de la Tunisie, avait entrepris l'étude des régions de l'extrême Sud de la régence voisines de la frontière tripolitaine. Dans de courtes notes, que nous avons analysées dans les Annuaires précédents, Le Mesle avait fait connaître les résultats principaux de son exploration, consistant surtout dans la reconnaissance d'un important affleurement de terrain jurassique supérieur aux environs de Tataouine. Il se réservait de donner ultérieurement une description détaillée de ce gisement et de faire connaître la riche faune qu'il y avait recueillie. A cet effet, il avait bien voulu nous demander notre collaboration pour les mollusques et demander celle de M. Victor Gauthier pour les échinodermes. Les fonctions absorbantes dont nous étions chargé ne nous ont pas laissé assez de loisirs pour que nous pussions donner à notre pauvre ami le concours qu'il réclamait de nous ; aussi, la faune très remarquable des mollusques kiméridgiens de Tataouine est-elle restée jusqu'ici indécrite.

Heureusement il n'en est pas de même de la faune échinodermique. Notre ami, M. V. Gauthier (538) a pu, en 1896, publier dans les Mémoires de la Mission de l'exploration scientifique de la Tunisie une description détaillée de cette faune intéressante.

Les espèces y sont peu nombreuses mais plusieurs sont nouvelles et appartiennent même à des types génériques nouveaux. Nous croyons utile d'en donner ci-après la liste :

Millericrinus Meslei Gauthier.
Pygurus Meslei Gauthier.
Holectypus corallinus d'Orbigny.
Hemicidaris Zeguellensis Gauthier.
Monodiadema Cotteaui —
Acrosalenia Meslei —
Metaporhinus convexus Catullo.
Proholaster Auberti Gauthier.
Cyclolampas Voltzi Desor.
Collyrites friburgensis Ooster.
Pleurodiadema Stutzi Desor.

Les espèces énumérées depuis *Metaporhinus convexus* ont été recueillies au Nord des chotts. Elles proviennent du terrain jurassique du Djebel Zaghouan, à l'exception de *Proholaster Auberti* qui a été recueilli par M. Aubert dans les couches berriasiennes du Djebel Meloussi.

Les autres espèces proviennent toutes de ces couches jurassiques de l'extrême Sud que Le Mesle a attribuées à l'étage kimeridgien. Les localités où elles ont été recueillies, sont :

1° Le Ksar Dagra, près de Tataouine, un peu au-dessous du 33e degré de latitude Nord et au delà du 8e degré de longitude Est sur le piton le plus élevé qui porte le poste optique du Tlalet ;

2° Le Bir-Zeguellem par 32°42' de latitude Nord et 8°12' environ à l'Est du méridien de Paris.

Nous pouvons ajouter personnellement que ces oursins étaient accompagnés, dans ces mêmes gisements, par de nombreux gastropodes, *Nerinea*, *Natica*, *Pterocera*, etc., par des pélécypodes non moins nombreux et généralement pourvus de leur test et enfin par quelques polypiers et spongiaires qui complètent une faune intéressante et variée. Il est donc à souhaiter que cette faune très peu connue soit bientôt décrite.

M. Ficheur (530), dans le compte rendu sommaire de la séance de la Société géologique de France du 22 juin 1896, nous a donné, comme programme explicatif des excursions de la Société, lors de sa réunion extraordinaire en Algérie, un véritable mémoire original sur la géologie des diverses régions qui devaient être visitées. Ce mémoire, illustré de nombreuses coupes, comprend, jour par jour, le détail des localités à visiter et tous les renseignements, stratigraphiques et autres, utiles pour que les membres de la Société fussent amplement renseignés d'avance sur ce qu'on devait rencontrer chaque jour. Cette précaution excellente et cette préparation des excursionnistes à la connaissance des régions, assez difficiles et compliquées, qu'ils devaient parcourir ont dû rendre les excursions beaucoup plus fructueuses. Les renseignements donnés par M. Ficheur formaient en outre une excellente base pour les discussions et nous en retrouverons les heureux effets dans le compte rendu des séances de la réunion extraordinaire.

Ce travail de M. Ficheur est difficile à analyser. Il faudrait le reproduire en entier, car il n'est lui-même qu'un résumé très succinct et très substantiel sur la constitution géologique de la Bouzaréa, du Sahel, de la Métidja, du massif de Blida, de Medea, etc., etc.

Nous aurons, d'ailleurs, à y revenir avec les détails convenables quand nous aurons à rendre compte de la réunion extraordinaire de la Société en Algérie. Il semble que les recherches et observations préliminaires de M. Ficheur trouveront là leur place naturelle. Cette réunion de la Société en Algérie constitue un gros évènement dans l'histoire de nos connaissances géologiques sur notre colonie et nous nous proposons de donner au compte rendu des excursions un développement assez considérable dans le prochain Annuaire.

M. Cayeux (526) a fait présenter à l'Académie des sciences (séance du 27 juillet 1896), une intéressante note, qu'il qualifie de note préliminaire, sur la constitution des phosphates de chaux suessoniens du Sud de la Tunisie.

Ces phosphates, que M. Cayeux a pu étudier d'après quelques échantillons qui lui ont été communiqués, rappellent à s'y méprendre, par leur aspect, les sables phosphatés et cohérents du département de la Somme.

Les sections minces qu'il en a faites montrent que leurs éléments sont colorés par un pigment brunâtre. L'aspect homogène des grains n'est qu'une apparence. En réalité ces éléments représentent un véritable nid de micro-organismes. Un très petit nombre renferment à leur centre un foraminifère ou un radiolaire tandis que les restes de diatomées et de bacillariacées abondent.

De cette étude, que M. Cayeux reconnaît être encore très incomplète, on peut déjà conclure qu'il existe dans la vallée de la Seldja du phosphate de chaux issu, non pas d'une boue à foraminifères, comme le phosphate sénonien du bassin de Paris, mais d'une boue à diatomées. C'est un tripoli phosphatisé.

Ce résultat est curieux à rapprocher de ceux obtenus par M. Bleicher qui a pu également étudier divers échantillons de phosphates d'Algérie et de Tunisie et qui les a trouvés remplis de menus débris d'os et de dents, et en a conclu qu'ils étaient purement d'origine organique et animale. M. Cayeux ne nous fait pas connaître son avis à ce sujet et ne nous parle pas de ces résultats auxquels M. Bleicher est arrivé.

A propos des phosphates de chaux, nous mentionnerons ici une nouvelle note sur les gisements des environs de Tebessa que M. Jacob (548) a publiée dans les Annales des mines.

Nous avons si souvent entretenu les lecteurs de l'Annuaire de ces gisements qu'il ne paraît pas nécessaire d'y revenir encore.

Mentionnons également dans le même recueil une note de M. A. Carnot (524) sur un gisement de phosphate d'alumine et de potasse trouvé en Algérie et sur la genèse de ces minéraux.

Il nous paraît utile de signaler ici, quoiqu'elle ne constitue pas un travail géologique original proprement dit, une notice que M. A. Papier, le savant président de l'Académie d'Hippone, vient de publier dans le Bulletin de cette société sur les recherches et découvertes de Charles Heinz. Cette notice, en effet, présente un réel intérêt au point de vue de l'historique et du développement de nos connaissances sur la paléontologie algérienne. Charles Heinz était un collectionneur passionné, un chercheur infatigable et, quoiqu'il n'ait rien publié par lui-même, on peut dire que, par ses nombreuses et intéressantes trouvailles dans les environs de Batna, de Lambèse et de Constantine, où il a longtemps séjourné, il a rendu à la science de très sérieux services. Avec un désintéressement très louable il communiquait largement les matériaux qu'il recueillait. Un bon nombre des fossiles décrits par Coquand, par M. Sayn, par M. Gauthier, par M. Peron, etc., proviennent des recherches de Charles Heinz. Sa collection des Ammonites pyriteuses du Djebel Ouach était sans pareille. Elle a été acquise, d'après les renseignements qui nous sont parvenus, par l'école des sciences d'Alger et nous considérons comme un bonheur que ces précieuses séries aient échappé à la destruction ou au moins à la dispersion.

En ce moment nous avons nous-même encore chez le dessinateur des Ammonites du Crétacé de l'Aurès qui ont été recueillies par Heinz et qui sont décrites dans notre mémoire sur les Ammonites du Crétacé supérieur de l'Algérie.

M. Papier, grâce à des recherches minutieuses dans sa propre correspondance et dans celle de Heinz qui était en relations avec tous les géologues qui ont étudié l'Algérie, a retrouvé l'origine de beaucoup de fossiles intéressants communiqués aux auteurs, à Coquand surtout. On peut trouver là, au point de vue des gisements des renseignements précieux qui permettent de rectifier bon nombre d'indications erronées sur la place stratigraphique des espèces.

Nous ne saurions donc trop appeler l'attention sur la notice de M. Papier où tous ceux qui s'occupent de la géologie de la province de Constantine rencontreront beaucoup de détails intéressants et utiles.

La Revue générale des sciences pures et appliquées, dans les livraisons spéciales de novembre et décembre 1896, consacrées à une étude monographique scientifique complète de la Tunisie, nous a donné quelques articles intéressant les sciences géologiques. Le premier et le plus important, intitulé « Géologie de la Tunisie », est dû à la collaboration de M. E. Haug, le savant chef des travaux pratiques au laboratoire géologique de la Sorbonne (547). Il donne en quelques pages un résumé très substantiel des connaissances acquises sur la constitution géologique de la Tunisie et un aperçu général sur chacune des formations qui concourent à donner au sol de la régence son relief actuel. L'auteur y énumère les terrains jurassiques où prennent naissance les plus belles et les meilleures sources de la régence et où se trouvent de riches gisements de minerais de plomb et de zinc ; puis les terrains crétacés, beaucoup plus développés que les précédents et très fossilifères dans les Hauts plateaux, les terrains tertiaires dont l'étage inférieur renferme, comme nous le savons, de magnifiques gisements de phosphates de chaux et enfin des terrains plus récents qui occupent certaines zones littorales ou les grandes plaines du Sud de la régence.

Quelques articles consacrés à la tectonique de l'Atlas, aux actions éruptives, etc., complètent cet intéressant résumé, illustré et rendu plus instructif encore par une reproduction à petite échelle de la carte géologique de la régence dressée par M. Aubert et par celle de deux grandes coupes transversales que M. Philippe Thomas a données il y a quelques années.

Un deuxième article, dont la rédaction est due à M. R. Cagnat, professeur au collège de France et membre de l'Académie des inscriptions et belles-lettres (523), nous donne un aperçu sur l'exploitation des mines et des carrières de la Tunisie dans l'antiquité. Nons sommes, d'après l'auteur, assez mal renseignés sur cette exploitation qui semble avoir été fort peu importante. Les seules qui soient à mentionner ici sont celles du minerai de plomb au Djebel Ressas et celle du marbre jaune et rose de Chemtou qui, jadis, était connu sous le nom de marbre numidique et dont on retrouve partout des blocs, en Italie surtout, dans les constructions des 2me et 3me siècles de notre ère.

Enfin nous devons à M. de Fages, ingénieur des ponts et chaussées à Tunis (538), un dernier article faisant connaître l'état actuel de l'exploitation des mines et des carrières dans la régence.

Les exploitations minières sont en petit nombre et cette situation est due, pour une part, à la difficulté des communications et à la cherté des transports.

La régence possède d'assez nombreux gisements de plomb argentifère mais on ne peut guère songer à en tirer parti, en raison de la baisse de l'argent, lequel forme un appoint important dans l'exploitation du plomb. En résumé, les dépôts irréguliers de zinc, que contiennent certaines formations géologiques du Nord de la régence, sont la seule richesse minière pratiquement exploitable de la régence. Les concessions de Djebba, du Djebel Reças, du Khanguet-et-Tout, de Sidi-Ahmet, de Fedj-el-Adoum, du Zaghouan, d'El-Akhouat, etc., ont toutes pour objet la recherche et l'exploitation des roches et terres calaminaires. Ces roches sont calcinées sur place et le minerai est expédié en sacs sur les gares ou les ports les plus voisins.

Les carrières exploitées en Tunisie sont, de même que les mines, relativement peu nombreuses. Les principales sont ouvertes pour l'extraction de la pierre à bâtir qui est, actuellement, très employée pour les constructions dans les principales villes de la régence. On exploite également, près de Tunis, d'excellents calcaires à chaux hydraulique.

Les gypses abondent dans la régence où ils forment parfois, comme nous l'avons vu en Algérie, des collines entières, mais si la fabrication du plâtre semble avoir un certain avenir en Tunisie, il ne semble pas que, pour le moment, ces richesses gypseuses soient utilisées.

Il ne semble pas non plus que l'exploitation des marbres à Chemtou, au Djebel Oust et au Djebel Dissa soit aussi active qu'elle pourrait l'être.

L'exploitation des phosphates de chaux seule semble appelée à un bel avenir. Nous avons déjà, dans les Annuaires des années précédentes, donné des renseignements tellement détaillés sur les gisements de cette roche qu'il est inutile d'y revenir ici et de suivre M. de Fages dans l'énumération qu'il en donne. Nous nous contenterons donc de signaler que les plus importants de ces gisements, c'est-à-dire ceux des environs de Gafsa, découverts, depuis plus de dix ans, par notre ami et collaborateur, M. Philippe Thomas, viennent enfin d'être concédés, pour 60 ans, à une société française.

M. Blayac (517) a présenté à l'Académie des sciences (séance du 30 novembre 1896), le résumé de ses observations sur le Crétacé inférieur de la vallée de l'Oued Cher (province de Constantine).

Le résultat en est sensiblement différent de celui de Coquand qui a étudié cette même région en 1851.

Les trois étages, Néocomien (Hauterivien), Barrêmien et Aptien, y sont représentés sous les deux faciès, vaseux et récifal. Le premier se développe au Nord et le deuxième dans le Sud.

Le Néocomien, avec *Haploceras Grasi* et *Duvalia dilatata*, forme les assises les plus anciennes d'un dôme, au Djebel Djaffa.

Le Barrêmien se montre en divers points assez éloignés les uns des autres. On y rencontre une remarquable faune d'ammonites pyriteuses parmi lesquelles dominent les *Puchellia* et les *Holcodiscus* dont la plupart des espèces ont été signalées déjà au Djebel Ouach, près Constantine.

L'Aptien est formé de marnes schisteuses bleuâtres qui forment la partie inférieure d'un dôme où se retrouve toute la série crétacée jusqu'au Sénonien. On y trouve des fossiles aptiens et barrêmiens, notamment des *Lytoceras*, des *Phylloceras*, des *Desmoceras*, des *Macroscaphites*, etc.

Au Djebel Djaffa, des calcaires coralligènes sont interstratifiés dans les marnes. Au Sidi-Rgheiss la masse récifale contient des *Monopleura*, *Agria*, *Polyconites*, *Toucasia*, etc., avec des orbitolines et quelques échinides.

M. Pomel (550 à 552) a continué cette année à donner à l'Académie des sciences les résultats de ses études sur les mammifères quaternaires de l'Algérie.

Dans la séance du 7 décembre 1896, il a résumé ses monographies sur les éléphants et sur les rhinocéros. Six espèces d'éléphants ont été décrites qui appartiennent à deux horizons distincts du Quaternaire. On doit citer un Mastodonte très voisin du *M. Borsoni*, puis *Elephas meridionalis*, *E. iolensis* (espèce nouvelle), *E. atlanticus*, que M. Pomel avait depuis longtemps distingué en Algérie, *E. Africanus* et enfin une dernière espèce, pour laquelle il faut attendre des éléments plus complets.

En ce qui concerne les *Rhinoceros*, les espèces les plus connues sont : 1° *Rhinoceros* (*Atelodus*) *mauritanicus* dont les ossements ont été trouvés dans la sablière de Ternifine, sur le plateau d'Egris; 2° *Rhinoceros subinermis* dont le gisement est à la Pointe Pescade, dans une grotte.

Deux autres espèces insuffisamment connues sont encore signalées par le savant auteur, l'une dans les grottes d'Aïn-el-Turk, près d'Oran ; l'autre dans le même horizon quaternaire, c'est-à-dire dans les plages soulevées supérieures aux plages marines émergées.

Enfin le même savant a présenté à l'Académie dans la séance du 28 décembre 1896 une troisième monographie, celle des hippopotames fossiles de l'Algérie. Les espèces sont multiples. Indépendamment de l'*Hippopotamus hipponensis*, signalé par M.A. Gaudry aux environs de Bône et qui, pour M. Pomel, appartient au sous-genre *Tetraprotodon*, l'auteur signale une autre espèce, bien distincte et nouvelle, qu'il a nommée *Hippopotamus sirensis*, du nom du fleuve Sira (Habra).

Une troisième espèce, également nouvelle, a été trouvée aussi près d'Alger, dans le Quaternaire récent. M. Pomel lui a donné le nom d'*H. icosiensis* (d'*Icosium* (Alger). Il a pu recueillir de nombreuses pièces du squelette de cette espèce et en a fait figurer une bonne partie.

Le service géographique de l'armée qui vient d'entreprendre la publication de « cahiers » destinés à faire connaître les études diverses, faites par les officiers de ce service, a inauguré ce recueil par la publication d'un intéressant mémoire de M. le capitaine de Larminat sur la structure et la forme des terrains dans le Sud de la Tunisie (549).

Comme le dit l'éminent directeur du service géographique, M. le général de La Noë, ces études de géomorphologie présentent un intérêt tout particulier. Il est désirable que les officiers du service entrent dans cette voie nouvelle et féconde, qui pourra conduire à l'historique complet du sol de la France et de l'Algérie.

M. le capitaine de Larminat, après un coup d'œil d'ensemble sur la région étudiée, l'extrême Sud de la Régence, près la frontière de la Tripolitaine, nous montre que cette région est constituée, au point de vue orographique, par un vaste bombement anticlinal, dont l'érosion a fait disparaître le sommet ainsi que le versant Nord. La crête qui subsiste forme la ligne de partage des eaux entre la Méditerranée et le Sahara. Les bancs qui la constituent, inclinés en pente douce vers le Sud-Ouest, forment au contraire sur le versant Nord une falaise escarpée où les assises, très meubles, du milieu de la coupe sont recouvertes par des bancs puissants de calcaire dur. L'axe de l'anticlinal était situé un peu au Nord de cette falaise entre le djebel Rehache et le rivage. Il est encore jalonné par une ligne de hauteurs où l'on retrouve les couches les plus anciennes observables dans la région.

L'auteur ne nous dit pas ce que sont ces couches anciennes dont il parle, mais, si nous nous reportons à la carte géologique de M. Aubert, et aux notes de Georges le Mesle, nous voyons que ces couches doivent constituer cette boutonnière de terrain jurassique supérieur que notre ami le Mesle a explorée, comme nous le disons dans un des articles du présent Annuaire.

M. de Larminat étudie ensuite en détail la structure particulière des diverses parties de la contrée et nous montre dans de nombreuses coupes la disposition des couches, le mode de creusement des Oueds, la direction imprimée aux cours d'eau dont quelques-uns du versant Sud sont parfois confisqués partiellement par d'autres du versant Nord.

Un des chapitres les plus intéressants et les plus originaux, est celui où l'auteur nous fait assister à la destruction et au découpage des plateaux. Il s'en détache d'abord des ilôts ou témoins, appelés « gours » qui sont protégés d'abord contre l'érosion par les bancs durs supérieurs formant table sur le sommet. Mais, peu à peu, cette table supérieure se délite, s'éboule, recouvrant les flancs du Gour de ses débris durs amoncelés au pourtour. Dès lors nous avons sous les yeux un monticule en forme de dôme où le sommet dénudé livre à l'action des agents atmosphériques les terrains friables qui constituent la masse du monticule. L'érosion de ces terrains marche alors rapidement, mais il arrive que la ceinture de débris de roche dure accumulés sur les flancs forme une zone circulaire plus résistante que les terrains du centre du Gour et il se forme, à ce moment, une crête cratériforme entourant une dépression plus ou moins profonde.

Ces cirques de destruction qu'on appelle « Hachem » sont fréquents dans l'extrême Sud tunisien et, dans leur intérieur on peut souvent voir en place et en gradins successifs les assises qui primitivement constituaient toute la montagne.

Le Mans. — Typ. Edmond Monnoyer.

www.ingramcontent.com/pod-product-compliance
Lightning Source LLC
LaVergne TN
LVHW052034160826
845678LV00003B/1340

* 9 7 8 2 3 2 9 6 3 6 8 0 1 *